# BEI GRIN MACHT SICH IHR WISSEN BEZAHLT

AF144744

- Wir veröffentlichen Ihre Hausarbeit,
  Bachelor- und Masterarbeit

- Ihr eigenes eBook und Buch -
  weltweit in allen wichtigen Shops

- Verdienen Sie an jedem Verkauf

## Jetzt bei www.GRIN.com hochladen und kostenlos publizieren

# Die Rolle des Bundesverfassungsgerichts im europäischen Integrationsprozess

Alexander Schmidt

**Bibliografische Information der Deutschen Nationalbibliothek:**

Die Deutsche Nationalbibliothek verzeichnet diese Publikation in der Deutschen Nationalbibliografie; detaillierte bibliografische Daten sind im Internet über http://dnb.d-nb.de abrufbar.

ISBN: 9783346578716
Dieses Buch ist auch als E-Book erhältlich.

Das Buch bei GRIN: https://www.grin.com/document/1169130

Albert-Ludwigs-Universität Freiburg

Philosophische Fakultät

Seminar für Wissenschaftliche Politik

Grundlagenseminar: Grundlagen der Vergleichenden

Politikwissenschaft Modul: Vergleichende Politikwissenschaft

Wintersemester 2020/21

# Das Bundesverfassungsgericht

- Rolle im europäischen Integrationsprozess -

Alexander Schmidt

B.A. Politikwissenschaft

# Inhaltsverzeichnis

## 1. Einleitung

„Solange wir nicht in einem europäischen Staat leben, richtet sich die Mitgliedschaft eines Landes nach seinem Verfassungsrecht."[1] Dieser Satz von Richter Peter M. Huber sagt viel über das Selbstverständnis des Bundesverfassungsgerichts und seiner Rechtsprechung aus und soll in der vorliegenden Arbeit im Rahmen des europäischen Integrationsprozesses untersucht werden. Das Verhältnis, welches Karlsruhe hierbei zum Europäischen Gerichtshof einnimmt, ist nicht von möglichen Kollisionen befreit, obwohl die Auslegung des Unionsrechts Sache des EuGH ist. Die europäische Integration erweist sich dabei als die größte institutionelle Herausforderung für Karlsruhe.[2]

Zunächst wird das BVerfG und seine besondere Stellung im politischen System Deutschlands betrachtet und mit denen anderer Verfassungsgerichten verglichen. Anschließend wird der europäische Rechtsraum analysiert, wobei die Grenzen aufgezeigt werden, welche das Gericht im Verlauf des europäischen Integrationsprozesses gezogen hat. Vor allem das PSPP-Urteil steht exemplarisch für die spezifische Rechtsprechung des BVerfG, anhand dessen ihr Konfliktpotenzial aufgezeigt werden soll. Dies alles soll dazu dienen, die spezielle Rolle des BVerfG innerhalb der europäischen Integration zu erläutern und seine Hintergründe aufzuzeigen.

Die Arbeit stützt sich nicht nur auf Literatur aus der Politikwissenschaft, sondern auch auf rechtswissenschaftliche Publikationen. Diesbezüglich sind vor allem die Werke Simons und Bergers nennenswert, die sich ebenso explizit mit dem Verfassungsgericht im Kontext der europäischen Integration befassen und diesbezüglich viele Erkenntnisse bieten. Ansätze für die Rekonstruktion der Integration selbst, liefert mit seinen Beiträgen vor allem der Sammelband „Zur Konzeptionalisierung europäischer Desintegration", herausgegeben von Eppler und Scheller. „Die Verfassung Europas" wiederum bietet einen breiten Überblick über die verschiedenen Politikbereiche der europäischen Integration und ist ebenfalls ein wichtiger Referenzpunkt dieser Arbeit.

---

[1] Müller, Reinhard (2020): Verfassungsrichter Huber im Gespräch. „Das Urteil war zwingend" Unter: https://www.faz.net/aktuell/politik/inland/peter-huber-im-gespraech-das-ezb-urteil-war-zwingend 16766682.html?premium (23.04.2021).

[2] Simon, Sven (2016): Grenzen des Bundesverfassungsgerichts im europäischen Integrationsprozess. Tübingen: Mohr Siebeck, S. 1.

## 2. Das Bundesverfassungsgericht

### 2.1 Stellung im politischen System von Deutschland

Das Bundesverfassungsgericht ist eines der fünf obersten Verfassungsorgane Deutschlands und ist für die Auslegung und Einhaltung des Grundgesetzes zuständig. In dieser Funktion übernimmt es vor allem die Aufgabe der Überprüfung von Rechtsgegenständen anhand verfassungsrechtlicher Maßstäbe.[3] Seine spezifische Rolle erklärt sich hauptsächlich durch die Gewaltenteilung Deutschlands, in welcher die Grenze zwischen Exekutive und Legislative oftmals verschwimmt. Nicht selten stärkt Karlsruhe diesbezüglich die parlamentarische Opposition dadurch, dass es den Bundestag aufwertet, um ein Gegengewicht zur Bundesregierung herzustellen.[4] Dabei tritt das Gericht nicht nur als juristischer, sondern notgedrungen auch als politischer Akteur auf.[5]

Seine Rechtsprechung ergibt sich zum einen aus der inhaltlichen Unbestimmtheit des Grundgesetzes und zum anderen aus seiner Interpretationsmacht, die es zur letzten Instanz in Verfassungsfragen macht.[6] Jedoch ist zu berücksichtigen, dass die Schlüsse, welche das BVerfG aus der Auslegung des GG zieht, Ausdruck der Vereinbarkeit mit diesem ist und nicht unmittelbarer Ausdruck dieser selbst. Die Verfassung regelt schließlich nur den Mindeststandart, dessen Einhaltung schlussendlich das Gericht fallbezogen sicherstellt.[7] Die Fülle der Kompetenzen, welche das Gericht ausübt, nahm im Laufe der Zeit immer zu, da es ebenjene Begriffe aus der Verfassung autonom und letztverbindlich auslegt.[8]

Zu seinen wichtigsten Mitteln gehören neben der abstrakten und konkreten Normenkontrolle, die Verfassungsbeschwerde, welches das meistbenutzte Verfahren darstellt und von allen

---

[3] Wagschal, Uwe/ Grasl, Maximilian: Verfassung und Verfassungsgerichtsbarkeit: Funktionen – historische Entwicklung – internationaler Vergleich. In: Wagschal, U., Jäckle, S. & Wenzelburger, G. (Hg.) (2015) : Einführung in die Vergleichende Politikwissenschaft: Institutionen – Akteure – Policies, Stuttgart: Kohlhammer, S. 110.

[4] Rath, Christian (2013): Der Schiedsrichterstaat. Die Macht des Bundesverfassungsgerichts. Berlin: Wagenbach, S. 56-57.

[5] Kneip, Sascha: Verfassungsgerichtsbarkeit im Vergleich. In: Gabriel, Oscar W./ Kropp, Sabine (Hg.) (2008): Die EU-Staaten im Vergleich. Strukturen, Prozesse, Politikinhalte. Wiesbaden: VS Verlag für Sozialwissenschaften, S. 633.

[6] Höreth, Marcus (2014): Verfassungsgerichtsbarkeit in der Bundesrepublik Deutschland. Stuttgart: Kohlhammer, S. 52.

[7] Simon, Sven (2016), S. 31.

[8] Berger, Alina (2015): Anwendungsvorrang und nationale Verfassungsgerichte. Tübingen: Mohr Siebeck, S. 76.

Bürgerinnen und Bürgern angewandt werden kann.[9] Das Gericht ist hierbei in einen Senat für Grundrecht und einen Senat für Staatsorganisation aufgeteilt und wird von einem Wahlausschuss jeweils vom Bundestag und Bundesrat ernannt. Im Jahr sind pro Senat etwa 10 bis 20 Verfahren möglich, bei denen es sich um Präzedenzfälle handelt, in welchen das Gericht „Neuland" betritt. Für die restlichen rund 6000 Verfassungsbeschwerden sind die Kammern zuständig, die sich mit Fällen befassen, welche an vergangene Rechtsprechungen anschließen.[10]

Die starke Stellung, welche die „Hüter der Verfassung" sowohl in der Politik als auch innerhalb der Gesellschaft einnehmen, lässt sich vor dem historischen Hintergrund Deutschlands verstehen. Im Hinblick der Wurzeln der Verfassungsgerichtsbarkeit im Land sind drei Komponente wichtig. Einmal das Vertrauen in die Gerichtsbarkeit und das Richtertum selbst, welche in Deutschland längere Traditionen als Demokratie und Parlamentarismus aufweisen. Zweitens wird das Verfassungsgericht als rechtliche Vollendung der politischen Idee des Föderalismus gesehen und drittens die historische Erfahrungen Weimars und der nationalsozialistischen Vergangenheit, die keine Schutzmaßnahmen gegen die Machtergreifung Hitlers aufwies.[11] Manche sprechen sogar vom „Verfassungspatriotismus", welcher als Ersatz für ein nationales Bewusstsein gesehen werden kann und das Vertrauen der Gesellschaft im Grundgesetz verortet.[12]

Die Zuständigkeiten des BVerfG sind in Art. 93 GG angeführt und konstituierten das Gericht schon zu seiner Gründung als mächtige Institution, jedoch musste es sich auch praktisch bewähren. Es stand mit der Idee eines Obersten Bundesgericht anfangs der Bundesrepublik sogar eine Doppelspitze zur Debatte, jedoch konnte sich das BVerfG das alleinige Monopol über die Verfassungskontrolle sichern.[13] Hierfür schufen einige wichtige Präzedenzfälle den Handlungsrahmen, in welchem sich Karlsruhe heute bewegt. Diesbezüglich ist v.a. das Lüth-Urteil aus dem Jahre 1958 nennenswert, in welchem das Gericht die Grundrechte erstmals zu einer objektiven Werteordnung erklärte, an das es sich seitdem orientiert.[14]

---

[9] Wagschal/ Grasl (2015), S. 109-110.

[10] Rath (2013), S.17-18.

[11] Simon (2016), S. 20-22.

[12] Isensee, Josef: Europäische Nation? Die Grenzen der politischen Einheitsbildung Europas. In: Decker, Frank/ Höreth, Marcus (Hg.) (2009): Die Verfassung Europas. Perspektiven des Integrationsprojekts. Wiesbaden: VS Verlag für Sozialwissenschaften, S. 267.

[13] Höreth (2014), S. 29-30.

[14] Rath (2013), S. 21.

## 2.2 Das BVerfG im internationalen Vergleich

Das BVerfG ist das stärkste Verfassungsgericht in Europa.[15] Das zeigt sich nicht nur an den Kompetenzen, sondern auch an der Stellung im politischen System Deutschlands. Im Gegensatz zum Leitbild „Verfassungssouveränität" hierzulande sticht etwa z.b. im Verfassungsrechts Großbritanniens die „Parlamentssouveränität" hervor, die sich aus der ungeschriebenen Verfassung und politischen Geschichte des Landes ergibt.[16] Währenddessen zeichnet sich Frankreich v.a. dadurch aus, dass der Gesetzgeber mit absoluter Souveränität ausgestattet ist, wohingegen dem Verfassungsrat zunächst eine untergeordnete Rolle zugesprochen wurde.[17] Dieses Gefälle hinsichtlich der Position von Verfassungsgerichten ist möglicherweise unter dem Gesichtspunkt der autoritären Vergangenheit Deutschlands verständlicher, weswegen das BVerfG oftmals auch als Vorbild für andere Länder mit ähnlichen Erfahrungen in Bezug auf rechtstaatlicher Defizite gesehen wird.[18]

Verfassungsgerichte sind grundsätzlich in spezialisierte und diffuse einzuteilen. Erstere bilden in der heutigen Verfassungslandschaft die klare Mehrheit und sind durch ihr alleiniges Monopol in der Rechtsprechung hinsichtlich Verfassungsfragen gekennzeichnet. Zweitere sind in ihren Ländern die letzte Etappe eines langen Instanzenweges und besitzen in Bezug auf die Normenkontrolle keine Exklusivität.[19] Das BVerfG fällt in die erste Kategorie und folgt somit dem österreichischen Modell der Verfassungsgerichtsbarkeit, jedoch mit dem Unterschied, dass es eine Rechtsprechungsgewalt gegenüber allen anderen Gerichtszweigen beansprucht und in dieser Wirkung als „Superrevisionsinstanz", zu Teilen auch dem Supreme Court ähnelt.[20]

Darüber hinaus lässt sich das BVerfG hinsichtlich seiner Richterauswahl einordnen. Mit der repräsentativen Wahl von mehreren Instanzen durch eine übergroße Mehrheit findet sich nur noch in Belgien ein ähnliches Verfahren vor. Das Erfordernis einer übergroßen Mehrheit weisen außerdem noch Ungarn, Italien, Spanien und Portugal auf, welche mit Belgien und Deutschland die einzigen EU-Staaten sind, die der politischen Opposition unabhängig von den

---

[15] Wagschal/ Grasl (2015), S. 118-119.

[16] Simon (2016), S. 17-18.

[17] Berger (2015), S. 337-338.

[18] Kimmel, Adolf: Verfassungsrechtliche Rahmenbedingungen: Grundrechte, Staatszielbestimmungen und Verfassungsstrukturen. In: Gabriel, Oscar W./ Kropp, Sabine (Hg.) (2008): Die EU-Staaten im Vergleich. Strukturen, Prozesse, Politikinhalte. Wiesbaden: VS Verlag für Sozialwissenschaften, S. 70-71.

[19] Kneip (2008), S. 632-633.

[20] Höreth (2014), S. 47-48.

Mehrheitsverhältnissen ein institutionalisiertes Mitspracherecht garantieren.[21] Deutschland gehört somit - gemessen an institutioneller Stärke und Unabhängigkeit - zu den besonders machtvollen Verfassungsgerichten im internationalen Vergleich.[22]

## 3. Rolle im europäischen Integrationsprozess

### 3.1 Der europäische Rechtsraum

Die einheitliche Geltung des Unionsrechts ist für das Ziel der europäische Integration unabdingbar.[23] Mit dem Inkrafttreten des Vertrags von Lissabon wurde die Europäische Union offiziell die Rechtsnachfolgerin der Europäischen Gemeinschaft. Die Essenz ihrer Zuständigkeiten findet sich hauptsächlich im „Vertrag über die Arbeitsweise der Europäischen Union".[24] Dieser war Ergebnis eines langen Prozesses, der mit den Römischen Verträgen seinen Anfang als - zuvorderst wirtschaftliche Zusammenarbeit - nahm und mit dem Vertrag von Maastricht schließlich die heutige EU begründete.[25] Für die nationalen Verfassungsgerichte Europas stellte sich somit folgende Besonderheit als Konsequenz heraus, und zwar die Eingebundenheit in ein gemeinsam supranationales Rechtssystem.[26]

Der europäische Rechtsraum teilt sich in Primär- und Sekundärrecht. Während Ersteres hauptsächlich die Kompetenzen der Organe festlegt, ist Zweiteres von den Mitgliedsstaaten und den Unionsorganen selbst geschaffen worden und leitet sich aus dem Primärrecht ab.[27] Das Primärrecht kann hierbei nicht Prüfungsgegenstand nationaler Verfassungsgerichte sein, da diese Aufgabe allein dem Europäischen Gerichthof obliegt.[28] In Folge der Wirtschaftskrise,

---

[21] Kneip (2008), S. 639-640.

[22] Ebd., S. 648.

[23] Berger (2015), S. 30.

[24] Hofmann, Andreas/ Wessels, Wolfgang: Eine dauerhafte Verfassung für Europa? Die Beantwortung konstitutioneller Grundfragen durch den Vertrag von Lissabon. In: Decker, Frank/ Höreth, Marcus (Hg.) (2009): Die Verfassung Europas. Perspektiven des Integrationsprojekts. Wiesbaden: VS Verlag für Sozialwissenschaften, S. 71.

[25] Kimmel (2008), S. 62.

[26] Kneip (2008), S. 632.

[27] Höreth, Marcus/ Mann, Dennis-Jonathan: Die Legitimitätsfrage als Zug- oder Gegenkraft im europäischen Integrationsprozess? In: Eppler, Annegret/ Scheller, Henrik (Hg.) (2013): Zur Konzeptionalisierung europäischer Desintegration. Zug- und Gegenkräfte im europäischen Integrationsprozess. Baden-Baden: Nomos, S. 94.

[28] Berger (2015), S. 130.

kam es ab 2010 zu einer Flut an neuen Sekundärrechten, die in den Bereich der Rettungspolitik der Union fallen und Stabilitätsmechanismen für zukünftige Krisen einrichten sollten.[29]

Den Vorrang, welchen der EuGH in der Auslegung des Unionsrechts beansprucht, folgt dem Zweck der Funktionsfähigkeit der Union, die sich durch eine einheitliche Rechtsgeltung bedingt.[30] Der EuGH kann auch als treibende Kraft hinter der Konstitutionalisierung der europäischen Verträge gesehen werden, da er diesbezüglich wichtige Maßstäbe setzte und dem Unionsrecht erst das heutige Gewicht verlieh.[31] Seinen, von den Mitgliedsstaaten, unabhängigen Handlungsraum schuf er mit dem Fall „Costa/ENEL" im Jahre 1964, in welchem er seinen Anwendungsvorrang vor der nationalen Rechtsprechung begründete und diesen zugleich aus einer eigens autonomen Rechtsquelle bezog.[32] Die Pflicht zur Umsetzung des Unionsrechts liegt wiederum bei den Mitgliedstaaten, da es an einem einheitlich geregelten Vollzugs auf Unionsebene mangelt.[33]

Für die nationalen Verfassungsgerichte der Mitgliedstaaten stellen sich hierbei vor allem zwei Probleme heraus. Erstens existieren keine hinreichenden Entscheidungsregeln für den Fall, wenn Unionsrecht im Widerspruch zu den eigenen Verfassungsnormen steht. Zweitens ist das Verhältnis zwischen beiden Akteuren immer noch nicht abschließend geklärt. Dabei zeichnet sich seit einiger Zeit schon die Entwicklung von einem Verhältnis der Kooperation hinzu einem Verhältnis der Unterordnung ab.[34] Als Grund hierfür kann neben dem Erfordernis einer letztverbindlichen Instanz auch das spezifische System des „checks & balances" herangezogen werden, welches der EU zugrunde liegt. Unter diesen Bedingungen der Gewaltenteilung auf Unionsebene, kam dem Gerichtshof in der Vergangenheit eine immer wichtigere Rolle zu, um unter anderem auch die Machtgefälle zwischen den Mitgliedstaaten auszugleichen.[35]

---

[29] Niedobitek, Matthias: Verfassungspolitik nach Lissabon. In: Eppler, Annegret/ Scheller, Henrik (Hg.) (2013): Zur Konzeptionalisierung europäischer Desintegration. Zug- und Gegenkräfte im europäischen Integrationsprozess. Baden-Baden: Nomos, S. 250-251.

[30] Simon (2016), S. 84.

[31] Höreth, Marcus: Der Europäische Gerichtshof: Verfassungsgericht oder nur ein „Agent" der Mitgliedstaaten? In: Decker, Frank/ Höreth, Marcus (Hg.) (2009): Die Verfassung Europas. Perspektiven des Integrationsprojekts. Wiesbaden: VS Verlag für Sozialwissenschaften, S. 165.

[32] Ebd., S. 169.

[33] Berger (2014), S. 116.

[34] Kneip (2008), S. 650-652.

[35] Höreth, Marcus (2013): Hemmungslos, aber ungefährlich? Der Gerichtshof der Europäischen Union als Verfassungsgericht im System der EU-Gewaltenteilung. In: Zeitschrift für Politik, Jg. 60, H. 1, S. 69-70.

Ein einheitlicher Rechtsraum erweist sich besonders im Hinblick einer zunehmend globalisierten Wirtschaft als notwendig. Den Herausforderungen diesbezüglich können einzelne nationalstaatliche Gesetzesgeber nicht isoliert entgegentreten und bedürfen daher gemeinsamer Normsetzungen, die grenzüberschreitenden Institutionen wie dem EuGH bedingen.[36] Da sich die Mitglieder der EU jedoch weiterhin als souveräne Akteure betrachten, fiel in der Vergangenheit immer wieder die Frage der Legitimität auf. Aufgrund der, im Zuge des Integrationsprozess erfolgten Änderung von einer funktionalen Zweckgemeinschaft hin zu einem politischen „Staatenverbund" mit eigenem Rechtsrahmen ist zunehmend von einem Demokratiedefizit die Rede, dem jedoch unterschiedliche Deutungsmustern vorausgehen.[37]

### 3.2 Grenzen des BVerfG

Hierin sorgte der BVerfG aufgrund seiner Rechtsprechung oftmals für Kontroversen. Dies hängt zum einen mit dem Selbstverständnis des Gerichts und zum anderen mit dem Verfassungskern des GG zusammen, obwohl das GG eigentlich maßgeblich durch das Prinzip der „offenen Staatlichkeit" geprägt ist (Präambel und Art. 23).[38] Die Befürchtung vor dem Verlust eigener Kompetenzen zeigt sich in einem Interview des ehemaligen BVerfG-Präsidenten Andreas Voßkuhle im Jahre 2011: „Keine Sorge, das Bundesverfassungsgericht wird keine zweite Bundesbank.", womit er auf den Bedeutungsverlust der Bundesbehörde gegenüber der EZB anspielt und andeutet, dass das Gericht nicht das gleiche Schicksal ereile.[39] Jedoch überschritt Karlsruhe nicht selten die Grenzen seiner Befugnisse, indem es z.B. Verwerfungskompetenzen in Anspruch nahm, obwohl das EuGH schon entschieden hatte, wie etwa im Falle des „Vielleicht-Beschlusses" im Jahre 1979, in welchem es die Letztentscheidungskompetenz des Gerichtshofes unterlief.[40]

Maßstabbildend für die Rechtsprechung des BVerfG in Sachen europäischer Integration ist das Maastricht-Urteil aus dem Jahre 1993, in welchem das Gericht erstmals eine Verbindung zwischen dem Wahlrecht (Art. 38 Abs. 1 Satz 1 GG) und dem Demokratieprinzip (Art. 20 Abs. 1 u. 2 GG) vornahm, um seine Entscheidung zu begründen.[41] Zweck dieses Gefüges ist ein

---

[36] Simon (2016), S. 307.
[37] Höreth/ Mann (2013), S. 90-91.
[38] Niedobitek (2013), S. 234.
[39] Rath (2013), S. 81-82.
[40] Berger (2015), S. 130-131.
[41] Simon (2016), S. 79.

subjektives „Recht auf Demokratie" für die einzelnen wahlberechtigten Bürgerinnen und Bürger, das sich aus einem legitimatorischen Zusammenhang mit der Staatsgewalt ableitet.[42] Die EU, samt Wahlverfahren und Zusammensetzung des Europäischen Parlaments reichen als alleinige demokratische Legitimationsquelle nicht aus und füllen nur eine „stützende" Funktion aus, während die nationalstaatlichen Parlamente und Regierungen weiterhin die entscheidenden Träger der Union darstellen.[43]

Das BVerfG definiert somit die Gewährleistung der Staatlichkeit der Bundesrepublik und das Fehlen eines europäischen *„demos"* als Grenzen der Integration, wobei die Rolle des Bundestages Dreh- und Angelpunkt seiner Überprüfung ist.[44] Der Grundgedanke dahinter ist, dass dem Parlament wesensbestimmende Kompetenzen verbleiben müssen, da es das entscheidende Bindeglied zwischen Union und Wahlvolk ist.[45] Diesen Argumentationsstrang führte Karlsruhe zu großen Teilen auch in seiner Urteilsfindung zum Vertrag von Lissabon im Jahre 2009 fort, welches zudem eine sogenannte „Integrationsverantwortung" für nationale Parlamente vorsieht. Demzufolge sollen sich Bundestag und Bundesrat aktiv an der Entscheidungsfindung über den Verlauf der Integration beteiligen, um ihren Schritten die nötige Legitimation zu verleihen.[46]

Seit einiger Zeit behält sich das BVerfG zudem vor, in gewissen Fällen letztverbindlich über die Anwendbarkeit des Unionsrechts zu entscheiden. Diese wären einmal die „Identitätskontrolle", welche auf die Ewigkeitsklausel (Art. 79 Abs. 3 GG) und die Prüfungskompetenz über die Vereinbarkeit dieser mit Handlungen der Unionsorganen abzielt.[47] Die andere – besonders umstrittene – Reservekompetenz, stellt die „Ultra-vires-Kontrolle" dar, welche kompetenzwidrige Akte seitens Unionsorganen prüft und ebenso wie die Identitätskontrolle sogar die Unwirksamkeit einer Norm zur Folge haben kann. Diese steht jedoch nicht im Einklang mit der Autonomie des Unionsrechts und sorgt für viel Kritik.[48] Neben der Gefährdung des

---

[42] Ebd., S. 99-100.

[43] Isensee (2009), S. 259-260.

[44] Mann, Dennis-Jonathan (2009): Ein Gebilde sui generis? Die Debatte um das Wesen der Europäischen Union im Spiegel der „Nature of the Union"-Kontroverse in den USA. In: Decker, Frank/ Höreth, Marcus (Hg.) (2009): Die Verfassung Europas. Perspektiven des Integrationsprojekts. Wiesbaden: VS Verlag für Sozialwissenschaften, S. 332-333.

[45] Höreth/ Mann (2013), S. 102.

[46] Höreth (2014), S. 95-96.

[47] Berger (2015), S. 145-146.

[48] Niedobitek (2013), S. 244.

einheitlichen Rechtsraumes - da diese Kompetenz ausschließlich dem EuGH obliegt - übt eine solche Beanspruchung eine ziemlich desintegrierende Wirkung aus, da das BVerfG hiermit ein spezifisches Prüfrecht fordert, welches sowohl das GG als auch das Unionsrecht nicht vorsieht.[49]

Das BVerfG ist jedoch keine vollständige Einheit, denn Bedenken bezüglich dieses Vorgehens haben zudem einige Richterinnen und Richter aus dem Senat selbst schon offen bekundet. In einem Sondervotum zum OMT-Vorlagebeschluss aus dem Jahre 2014, in welchem das Gericht ebenjene Reservekompetenz andeutete, kritisierte Richterin Gertrude Lübbe-Wolff das Handeln ihrer Kolleginnen und Kollegen und warf ihnen vor, die Grenzen richterlicher Kompetenzen überschritten zu haben.[50] Voßkuhle hingegen erklärte die Verfahrensweisen damit, dass sie die öffentliche Meinung berücksichtige: „Nur wenn die Bürger das Vertrauen haben, dass bestimmte Grenzen nicht überschritten werden, sind sie bereit, weitere Integrationsschritte hinzunehmen".[51] Dies zeigt, dass die Urteilsfindung möglicherweise unterschiedlichen Vorverständnissen unterliegt, die jedoch folgendes Problem aufweisen. Denn sie sind nicht dem Grundgesetz zu entnehmen, womit die Rechtsprechung des Senats im übertragenen Sinne selbst eine „ultra-vires-Handlung" darstellt.[52]

## 3.3 Das PSPP-Urteil

Bis zum 05. Mai 2020 gab es noch kein konkreten Fall, der veranschaulichte, welche Grenzen der BVerfG in Bezug auf die „ultra-vires-Kontrolle" praktisch zieht. Dies änderte sich mit der Urteilsverkündung zum Anleihekaufprogramm der Europäischen Zentralbank „PSPP", dem das Gericht die innerstaatliche Geltung entzog. Das BVerfG ist somit das dritte Verfassungsgericht – nach dem tschechischen und dänischen –, welches den Rechtsakt eines Unionsorgans als Kompetenzanmaßung wertete, weswegen auch von einem „historischen Urteil" die Rede ist.[53] Kontext der Entscheidung war, dass das Gericht eine Vorlage an den EuGH richtete,

---

[49] Eppler, Annegret/ Scheller, Henrik (2013): Zug- und Gegenkräfte im europäischen Integrationsprozess. In: Eppler, Annegret/ Scheller, Henrik (Hg.) (2013): Zur Konzeptionalisierung europäischer Desintegration. Zug- und Gegenkräfte im europäischen Integrationsprozess. Baden-Baden: Nomos, S. 26-28. *(siehe Tabelle)*

[50] Simon (2016), S. 5.

[51] Rath (2013), S. 67.

[52] Simon (2016), S. 142

[53] Höpner, Martin (2020): Karlsruhe verdient Anerkennung. Zum PSPP-Urteil des Bundesverfassungsgerichts vom 05. Mai 2020. In: Zeitschrift für Wirtschaftspolitik, Jg. 100, H. 6, S. 441.

um die Verhältnismäßigkeit des Programms zu überprüfen. Konkret ging es um die Begleitfolgen von PSPP, da die EZB ausschließlich für die Währungspolitik zuständig ist, während Wirtschaftspolitik die Domäne der Mitgliedstaaten ist. Aus Sicht vieler Kritiker und der Kläger überschreite das Programm zum Kauf von Staatsanleihen die Kompetenzen der EZB und mische sich in die Wirtschaftspolitik der Mitgliedstaaten ein.[54]

Die Antwort des EuGH auf die Vorlage, bezeichnete das BVerfG als „oberflächlich" und in seiner Auslegung als „nicht nachvollziehbar", womit es zum ersten Mal seine Zurückhaltung gegenüber dem Gerichtshof aufgab und sich über seine Entscheidung hinwegsetzte.[55] Die Verhältnismäßigkeit sei nicht gründlich genug geprüft worden, obwohl PSPP, laut Richter Peter M. Huber etwa, zu „erheblichen wirtschaftspolitischen Nebeneffekten" führe und daher „ultra-vires" sei.[56] Hauptstreitpunkt ist jedoch die Art der Überprüfung, die aus Sicht Karlsruhes nicht ausreichend erfolgt sei, wodurch der Kern des Konflikts für einen Kompromiss unzugänglich ist, denn dem Urteil des BVerfG steht der Vorrang des EuGH diametral entgegen.[57]

Als Folgen dieses Urteils wäre eine Verfassungskrise nicht unwahrscheinlich gewesen, denn die Vollstreckung obliegt alleine den deutschen Verfassungsorganen, deren „Integrationsverantwortung" vom Gericht nochmals hervorgehoben wurde. Jedoch reagierte die Europäische Kommission darauf mit der Möglichkeit eines Vertragsverletzungsverfahren, welches Strafzahlungen mit sich bringen würde und der Autorität des Gerichts zudem nachhaltigen Schaden zufügen würde. Auch wurde Kritik an der verwendeten Sprache geübt. So wäre der Begriff der Willkür nicht passend gewählt, da sie einen Rechtsakt impliziere, welcher unter keinen denkbaren Umständen vertretbar ist, wobei dies nicht im Ermessen eines nationalen Verfassungsgerichts liege.[58]

---

[54] Budras, Corinna (2020): Ist die EZB noch zu stoppen? Unter: https://www.faz.net/aktuell/wirtschaft/verfassungsgericht-entscheidet-ist-die-ezb-noch-zu-stoppen-16751326.html?premium (21.04.2021).

[55] Kleine-Cosack, Michael (2020): Karlsruher Kompetenzüberschreitung zu Lasten Europas. Bundesverfassungsgericht wirft Europäischem Gerichtshof Willkür vor. S. 438.

[56] Müller, Reinhard (2020)

[57] Höpner, Martin (2021): Proportionality and Karlsruhe's Ultra Vires Verdict. Ways Out of Constitutional Pluralism? In: MPIfG Discussion Paper 21/1. Köln: Max-Planck-Institut für Gesellschaftsforschung, S. 16.

[58] Kleine-Cosack (2020), S. 439.

## 4. Fazit

Zusammenfassend lässt sich aus der Rechtsprechungslinie des BVerfG schließen, dass es sich weiterhin eine Reservekompetenz hinsichtlich der Vereinbarkeit des Unionsrechts vorbehält und sich diesbezüglich keiner Konflikte mit dem EuGH scheut. Dabei wechselt es oftmals von einem Verhältnis der konstruktiven Kooperation hinzu einem Verhältnis der Kollision, vor allem wegen der „Identitäts-" und „ultra-vires-Kontrolle", welche die Kompetenzen des BVerfG eigentlich übersteigen. Möglicherweise begründet sich dieses Verhalten darin, wie das Gericht sich selber wahrnimmt. Als Garant für den Schutz der Grundrechte Einzelner, folgt Karlsruhe einer Tradition, die in Deutschland erst nach dem Zweiten Weltkrieg begann. Die Fülle an Kompetenzen, welche es hierfür beansprucht, erklärt sich durch die Erfahrung des Nationalsozialismus und dem Fehlen rechtsstaatlicher Strukturen. Doch nicht nur der historische Hintergrund bietet Anlass für sein Selbstvertrauen, sondern auch sein hoher Grad an Legitimation, der sich durch die Art der Ernennung der Richterinnen und Richter ergibt und in der europäischen Verfassungslandschaft eine Seltenheit darstellt.

Jedoch sollte Karlsruhe behutsam mit der Ausweitung seiner Kontrolle umgehen, gerade da es sich in der Vergangenheit oftmals dem Vorwurf ausgesetzt sah, zu viel Politik zu treiben. Auch läuft es Gefahr, im Zuge seiner Auseinandersetzungen mit dem EuGH große Teile seiner sonst stark ausgeprägten Autorität einzubüßen. Einen Rechtsakt des Gerichtshofes für kompetenzwidrig zu verurteilen ist ziemlich kontraproduktiv und kann schnell zu einem Gesichtsverlust führen. Daher sollte es in Zukunft eventuell öfter von der Vorlage Gebrauch machen, da das Vorabentscheidungsverfahren wohl am ehesten zu einem konstruktiven Ergebnis führt. Dennoch sollten die Bedenken, welche es im PSPP-Urteil anführt, nicht außen vor gelassen werden und in die zukünftige Rechtsprechung mitberücksichtigt werden. Schließlich – um mit den Worten des ehemaligen Präsidenten des BVerfG Andreas Voßkuhle abzuschließen – ist die Europäisierung „keine Einbahnstraße".[59]

---

[59] Rath (2013), S. 88.

## Verwendete Literatur

*Monographien:*

- Berger, Alina (2015): Anwendungsvorrang und nationale Verfassungsgerichte. Ein Vergleich der verfassungsgerichtlichen Rechtsprechung in Deutschland, Frankreich und Spanien im Hinblick auf die Effektivität des unionsrechtlichen Anwendungsvorrangs. Tübingen: Mohr Siebeck.
- Höreth, Marcus (2013): Verfassungsgerichtsbarkeit in der Bundesrepublik Deutschland. Stuttgart: Kohlhammer.
- Rath, Christian (2013): Der Schiedsrichterstaat. Die Macht des Bundesverfassungsgerichts. Berlin: Wagenbach.
- Simon, Sven (2016): Grenzen des Bundesverfassungsgerichts im europäischen Integrationsprozess. Tübingen: Mohr Siebeck.

*Sammelbänder:*

- Decker, Frank/ Höreth, Marcus (Hg.) (2009): Die Verfassung Europas. Perspektiven des Integrationsprojekts. Wiesbaden: VS Verlag für Sozialwissenschaften.
- Eppler, Annegret/ Scheller, Henrik (Hg.) (2013): Zur Konzeptionalisierung europäischer Desintegration. Zug- und Gegenkräfte im europäischen Integrationsprozess. Baden-Baden: Nomos.
- Gabriel, Oscar W./ Kropp, Sabine (Hg.) (2008): Die EU-Staaten im Vergleich. Strukturen, Prozesse, Politikinhalte. Wiesbaden: VS Verlag für Sozialwissenschaften.
- Wagschal, U., Jäckle, S. & Wenzelburger, G. (Hg.) (2015) : Einführung in die Vergleichende Politikwissenschaft: Institutionen – Akteure – Policies, Stuttgart: Kohlhammer.

*Zeitschriften:*

- MPIfG Discussion Paper 21/1. Köln: Max-Planck-Institut für Gesellschaftsforschung
- Zeitschrift für Wirtschaftspolitik, Jg. 100, H. 6.

# BEI GRIN MACHT SICH IHR WISSEN BEZAHLT

- Wir veröffentlichen Ihre Hausarbeit, Bachelor- und Masterarbeit

- Ihr eigenes eBook und Buch - weltweit in allen wichtigen Shops

- Verdienen Sie an jedem Verkauf

Jetzt bei www.GRIN.com hochladen und kostenlos publizieren